AF607742

Unheimlich

Primera edición: febrero de 2025

info@preguntaediciones.com
www.preguntaediciones.com

Imagen de cubierta: Miguel Ángel Ortiz Albero
ISBN: 978-84-19766-64-9
Depósito legal: Z-169-2025

Printed in Spain. Impreso en España por Estilo Estugraf Impresores

pierre d. la

Unheimlich

PREGUNTA

a $\mathbf{m}^{\infty}$

Se denomina unheimlich *a todo lo que, debiendo permanecer secreto, oculto... no obstante, se ha manifestado.*

Friedrich Schelling

Vamos entra
despacio
El suelo está inerte
las luciérnagas
suelen permanecer atentas a los vaivenes de
las miradas

No corras
los espejismos
son sólo eso
Espejismos

Mas allá de la calle
están tus sueños
tu realidad

El rostro de tus acompañantes
torna al negro de las efigies africanas
Un impulso al corazón hará correr las
estatuas de tu pasión

Entra
despacio
te digo
El recorrido por los bosques oscuros de las
entrañas no son amistosos
Pero también te digo
que los pasos dados
no son pasos perdidos
Las derivas se colarán en el día a día
aprenderemos a ver el mar en cada esquina
blanca
de la memoria

Entra y
juntos viviremos
las más insospechadas aventuras del
descarrilar
Parecemos dos beduinos bebiendo
agua tras varias jornadas de soledad
Así
integraremos el aliento a nuestro discurso
el ruido de las sirenas
y las tormentas
y la serenidad

Entra
ya estamos juntos

Soñamos los sueños
poco esclarecedores
pero entendemos que
jugando la partida
a través del espejo
podremos sortear las miradas
de los acompañantes

Seguimos

El reloj pasa de ser bello
como tus ojos color playa
a ser el tormento final de Erzsébet

Me duele el mundo
La extraña sensación de no sentir
cuando los poros de la piel
se abren como tus pupilas
al mirar el cielo azul de nuestros sueños
Me duele nuestro enlace con la tierra

No hablo de su silencio
cuando todo habla sin la mirada

Necesito cuatro cosas
sencillas
para romper el aire que nos comprime
Sólo cuatro cosas
pero no sé encontrarlas

Quiero que las piedras inmortales
que nos rodean ejerzan su influencia
y destripen las verdades con tenazas

Me duele lo que me recibe y no lo siento

Esa extraña sensación de
no haber empezado algo
y sin embargo haberlo agotado

Ahora todo son papeles
papeles y necesidad de palabras
Necesidad de objetos
Esos objetos que nos harán esclavos
y a la vez nos harán libres
Necesidad de luz
El epicentro del terremoto sigue latiendo a
mi lado

Las legañas no quieren
que me abra al mundo
quieren seguir saboreando los despechos de
los sueños

Ese secreto oculto
bello como la definición
de un tranvía en tu interior
terrible pero soportable

Listas
Horarios
Recordatorios
Lugares anteriormente no visitados
Alegría
Vértigo
Helicópteros
Lugares de encuentro
Descubrimientos
Ocultamientos
Alarmas
Sensación embargada
Cansancio
Fuerzas
...

Paseamos
Inauguramos la niebla que
envuelve el verdor de nuestros rostros
Invado la hierba que crece en tu interior
la pisoteo entre derviches
que bailan solemnes en su delirio blasfemo
Si es que el blasfemar es algo que
nos haga mirar al mar

Miramos al mar
rizando la ola que nos sumergirá en la niebla
vívida de la ciudad
El sueño emerge triste de los
párpados semicerrados

Los jeroglíficos no siempre dan malas noticias

Las miradas entrecruzadas
nos permiten atravesar
las paredes del derrumbe
No quiero cielos anaranjados
Deseo devorar tus pupilas
engullir todo lo que percibes
establecer un orden preciso de tus sabores

El lenguaje se cansa
miro los relojes
y quedo a la espera
¿los silencios también pueden sonreír?

Seguimos el camino
hacia arriba
tras el verde
Ya no sabemos si crece
¿Las semillas germinan
o duermen
antes de ser atacadas?
Seguimos juntos en el anochecer
de los mares que nos coronan

punción; del lat. *punctio-ōnis*,
«acción de punzar».

Las esperas

Ojos que no paran de mirar
con los párpados bien cerrados en el
descansar
Los estímulos por los altavoces
no dejan adivinar quién eres

Un giro
Ahora todo se frena
Las nubes nos miran con la precaución
del ayer

Lento
Todo discurre lento
Muy lento en el respirar diario
La espera transcurre
montada en el balancín del no saber
Oímos las canciones
con el agua de por medio
susurrando las letras de su abecedario
lento
Los niveles se sobrepasan
Se establece una disociación
igual que la belleza de tu regazo

Cambiamos de numeración
Todo continúa
Los arreglos de las canciones cada vez se
retuercen más
Un tic toc tic
ese es el latir demasiado deprisa para mi
mirada lenta

El silencio estalla
produciendo
un sinsabor que escuece en la memoria

Pasan los días
Son días
Día a día
El temblor se para sacude para sacude

El color blanco se establece
como permanente
La espera

Los días sugieren días
que son días
sin llegar del todo a terminar

Me duele
supongo que tu corazón se estremece

Sangre

La fecha se acerca
Toda la incertidumbre
se regodea en mi estómago
Quiero satisfacer el deseo del no saber
pero los movimientos se suceden al contrario
Ya estamos cerca
Colaboramos con la espera
seguimos sus pasos en el amanecer
Distraídos nos miramos sin saber

Una sensación de ahogo
recorre mis músculos
No se entretiene
no para
Estamos esperando
El pasillo se mueve despacio
tus ojos deprisa
Sea lo que sea
dispararemos corcheas

Nos habla
dice:
¡bien! ¿Bien?
Seguimos siendo dos manecillas
Dos minuteros discurriendo lentos
en el mismo reloj
Con la hora marcada
y pospuesta

Ya no sé mirar sin pestañear
tus silencios

Seguimos despacio
Ya no sé si es incertidumbre
o agotamiento del no saber

Ayer las orillas del mar
se acercaron
levemente al corazón de lo perdido

Se acerca el día D
Otra vez otro día
El encuentro del encuentro
o
el desencuentro
Queda una hora
La negación del error

El resultado es el esperado
Buenas malas noticias
Los rayos de la esfera
se muestran parcos en palabras
Observan mis pestañeos
no se aclaran
La tensa espera del ansiado momento

Una constante
Subidas y bajadas
Terremotos interiores que nos trasladan
Sugiero una tregua en mi cabeza
creo que la rechaza

Los días se hacen largos
por el tamaño del proceder
El cansancio se acumula en los nervios
los nervios se bifurcan
y quiebran mis ojos en mis dedos
Ruptura semejante al cielo

Otro día señalado
Espera
Suena el teléfono
Silencio...
Espera
...
Nos quedamos a la espera

Llamada
Espera
Mañana

La espalda cruje
Crujen las ideas
dentro del arrebato
Ese arrebato del amor
Del hacer
del deshacer
del oír la lluvia
delante de las nubes de plata
y del hacer del mar
Volvemos al mar
y a esperar
a que el crujido se deshaga

¿Y los recuerdos?
Los recuerdos hacen estragos
Ya ni se recuerdan
Un vacío en su lugar

Pensamos para recordar esos recuerdos
que pasan a ser pensamientos de un día
como aquellos besos de verano

Y llega la noche
Noche de entresueños y nocturnos
Noche suelta esperando la mañana
Noche sin sueño soñando mares
Noches de espera
sin poder mirar

Día D
Se confirma
Haremos turbantes de colores para los por si
acaso

El camino se cruza y las cosas se cruzan en el
camino
En este caso se cruza la misma cosa en
diferentes puntos

Tres días en silencio:

silencio

silencio

silencio

Y hoy como todos los días
desde hace muchos empieza todo
Pero hoy empieza de verdad

Estoy en la lejanía de la cercanía
Aquí esperando mientras todo te pasa

Quiero bautizarme en el seno de tu iglesia
y rasgar todas las sábanas santas
para conseguir que tus suplicios
sólo sean restos del pasado

Te espero
Todo ha ido bien
Me he perdido el juego de bolsas
y la sala de espera
Ya está
¿Será siempre así?
El sol regalando pañuelos de colores
¿y asfaltando el mediodía para tus pies?

Ahora duermes
Todo empieza

El final también es un empezar
Las distracciones son un enredo de dos

La rutina
¿Tendremos que investigar qué es eso de la
rutina?
¿Habrá que cambiar continuamente para que
no nos pille soñando?
Una semana en el ascensor
Los terremotos de los pulmones no hacen
sino acelerar nuestro presentimiento

Réplica añadida
Visitas a lugares anteriormente visitados
Horas de espera
Seguimos jugando

Separación
Viaje
Distancia sin distancia
Melancolía en el nombrar
Soledad en el teléfono

Las noticias son timbradas
Sigues siendo tú

Vuelta
Encuentro esperado
Empiezan los efectos

La decisión tomada
rápida
Sin espera
p... desaparece
... ¡sigues siendo tan bella!
Los días son uno tras otro
Se acerca tu cumpleaños
Todos los días son tu cumpleaños

Sangre
Emociones
Cansancio
Reposiciones

Hoy volvemos a ver el verde por bandera
Supongo que seguiremos la rutina
Yo sigo con mi búsqueda
infructuosa del ser

Otra vuelta a la espiral de la espera
otra semana
otra

Todo se hace lento
repetitivo y violento en la sencillez del espacio
Quiero volver a ver el mar en tus ojos
acariciar las rocas de tu interior
y que la espuma nos sumerja en los mundos
del olvido

La Extrañeza
nos ha dado un espacio donde respirar
Estamos solos
Unos días
Un acompasar el tiempo deteniéndome en tu
vibrar
Te espero

Volvemos a las andadas
Ya era hora de dejar de esperar
de volver a empezar
Mis manos comienzan a ser
un bombo de Semana Santa del Bajo Aragón

Caminar
Esperar
Caminar
La sensación de extrañeza
es como los angostos túneles de mis visiones
Todo sigue siendo lento
y la vez todo lo paralelo corre a una velocidad
Estrepitosa
Vaga melancolía del ayer

Náuseas

El siempre espeluznante
espejo del demonio que mira
y no deja mirar
Ese vacío en la ausencia
del estar
ese estado inerte de la presencia
esa melancolía de lo bello
teniendo la belleza presente

Todo te arde por dentro
Me siento indefenso ante tus cambios
Sensación de no saber
de no sentir lo que tú sientes

Los momentos se suceden
una y otra vez
Quiero que exploten
Que salgan
Mi cabeza juega a hacer puzles
que no sabe resolver
Lo siento
es la primera vez que lo pienso
y no tendría que serlo

Los ciervos en mis sueños
engañan a sus acosadores
Miedo
la primera vez que usas la palabra en el juego
¿Sentimos miedo?
Sabemos que todo es positivo
pero la medicina estorba en nuestros planes

Ligeramente apesadumbrado
me desplomo en el sentir de las miradas
Retuerzo los planes
siguen sin cuadrarme las cuentas
Asomo la cabeza por el techo de las cuencas
de los ojos de los desapercibidos
Sigo sin encontrar el camino
Rechazo el no mirar como forma de violencia
sin embargo
me oculto en el silencio de los camaleones

Consulta
La rutina parece acelerar los procesos

Mañana nueva visita
tres horas en silencio
como soñar con sueños eléctricos

Sexo
El silencio y el sexo
El sexo y la sonrisa adecuada
El sexo y el encumbramiento de los
elementos
El sexo y el sexo
Seguramente las líneas anteriores y las que siguen no desatarán lo que pretendo. Sin embargo, me agarro a la línea de tu mirada y espero que a ti te sugieran los destellos de lo oscuro al amanecer

Recuento las miradas
que nos penetran
Recuento y no veo
aquello que delimita
nuestra distancia

Todo se revuelve
los días
las horas
los momentos imprecisos de sintonía
los aconteceres...
Largo proceso
Saturación

La mermelada suena al eco de tus tacones
Quiero parpadear despacio en el abismo de tus ojos
soñar desiertos incrustados en las palmas de las manos
desterrar toda la incapacidad introductoria de mi pesar
acariciar los gestos de tu sombra
Y cambiar los días por mares

Tumulto de ideas en la cabeza
Maraña tras maraña
Ideas no siempre agradables
Esto no lo conocía

Reemplazo el mirar por el desnudar
las estatuas ecuestres de nuestro discurrir
La desesperación empieza a ganar la partida
en mitad del camino

Sueños velados desvelados
Recurrentes somnolientos
Sueños

Largo
palabra que sólo se sustituye por lento
amargo

La química rezuma
Asumimos misterio como melancolía de lo
desconocido
Recreo en mis sueños todas las tardes
llenas de arena y realidad
Pienso en tus venas como mi río
lejano y penetrante

Fiebre tos
un continuo maremoto
nos lleva y trae de orilla a orilla
Los días empiezan y continúan

sin un breve lapso de frecuencia
Repetimos repetimos repetimos
la repetición como consecuencia de la
medicina
El sinsabor como causa de la desdicha
Se llenan los pulmones de cactus

Retraso
Sin querer las manchas nublan el final
Sigue la tos
Siguen los días
Marchamos despacio con la luz a cuestas

Y los hechizos seguirán sus recursos en tus
venas
Estableciendo guiños
como semáforos del sueño
evitaremos los atascos
Seguiremos por las pendientes
camino del rectángulo

En la distancia
recorremos las miradas
nos entretenemos entre la niebla
escuchamos los ecos de las sirenas

que nos nombran
inaugurando los parques

Siguen pasando los días
... quizá más despacio
Plantas pitidos
Soledades energéticas
Soledades en el misterio
Soledad en el camino
En el tuyo y en el mío
Solo en medio del camino
hay un momento

Los oscuros intentos de visionarte
  me conmueven
Me conmueve el aleteo de tus fosas nasales al
  respirar
Me conmueven tus ojos en movimiento al
  dormir
Me conmueve tu forma de mirarte al espejo y
  diseccionarte
Me reprimo en el último momento y
destruyo lo escrito

Mientras los libros me engullen
tú sigues luchando

No he abandonado el barco
aunque por momentos siento
que parte de mí se ha ido
Te ha abandonado a ti y
me ha abandonado a mí
Aún así su presencia sigue presente
la noto
la peso
La sopeso suave
Y vuelve
Me revierto

Todo vuelve a comenzar
La delgada línea aparece en el horizonte
Aún es pronto
Las piedras dejan de caer
regulares las sombras
sonríen
nos miran

El mar parece cerca
se distrae en el camino
Caminaremos hacia la aventura
ahora que ya sabemos más
aunque olvidemos pronto

¿Me siguen interesando los largos ensayos de
la nada?
Sería interesante desaparecer
en un instante
Asomarnos a los barcos
y recibir miradas que nos atraviesen
Ser los únicos del paisaje
Mezclar la herrumbre de las fábricas
asemejarnos a las vigas
y desaparecer entre los cristales
rotos de los deseos

Marchitos los días
se insinúan a los ciempiés
¿Carecemos de recursos o simplemente los
hemos desterrado?
(pregunta que no debe ser respondida)

Los amargos sabores de la crueldad
amagan con intervenir
El final se acerca
Sin embargo parece que todo vuelva a
empezar
Son labores de tiempo y tiempo
De fatiga en fatiga
De estimulación sin respuesta
De una sonrisa en la mirada

Se pueden decir muchas miserias
pero ninguna es cierta

Se calman los deseos
Abruptamente un guiño
se asemeja a tus virtudes
Una caricia al mayor volcán en erupción
Los fantasmas del sueño
ejecutan varias miradas intermitentes
Los parpadeos nos impiden
mirar de frente a las rachas del viento singular

Seguimos persiguiendo dunas
seguimos paseando despacio por lugares que
nunca quisimos visitar

Te estremeces de dolor
en tus rincones
La memoria no utiliza esos espacios
que antes nos gustaban

Derrotados por momentos ennegrecemos
Nos acercamos al final
Al final o al principio
O quizá sólo a la mitad
Nos acercamos a algo que no conocemos
Nos alejamos

Mis músculos ya son uno
Quiero aparecer despacio
en tu tristeza
y así conseguir un momento de tu melancolía

Mañana abriremos los ojos de nuevo
y será una venganza

un temblor del cielo
una catarata ahogándose
un diapasón en el oído
Mañana abriremos los ojos de nuevo
y veremos un nuevo clamor de la esperanza

Quiero leer tu rostro
y no ver en él preocupación
Quiero leer tu rostro
y entendernos sin mirarnos
Quiero que tus manos inunden mi cuerpo
y entendernos sin mirarnos
Quiero leer tu rostro
y sosegarme en tu encuentro
Despacio
el cielo deja de brillar

Principio fin de ciclo
Cambio a la primera oportunidad un caballo
  por tu mirada en el mar
Rescato sirenas que una vez inundaron tus
  entrañas
para prever futuros de deseo
Una vez quise encontrar el principio del mar

Sólo encontraba su salida
me asustaba
huía
lloraba
hasta que el color de tus ojos
me indicó su comienzo

Día después
Subida implica bajada
Ya lo sabíamos
Todavía falta para empezar a andar
pero tenemos el camino soñado
La melancolía vaga por la casa
El cariño tiene su espacio

Una inflamación obliga al helado
Nos reímos
Vemos vídeos de *skaters* con *longboards* llanear
esperamos el llano

Libamos el espacio
Intentando saciarnos de esperanza
Acariciamos los satélites
que caen
para saborear el estrellato efímero

Ultimando detalles
Imágenes radioactivas que nos harán libres
(o eso esperamos)
La cuenta atrás para volver a poner el reloj en
marcha continúa
mientras tanto
desviaciones en la vida cotidiana
reemplazo de luces y conversaciones
El momento del encuentro
ese momento nos esperanza

En la sombra
la luz nos sumerge
en un bramido de burbujas de aire
Respiramos
ocultamos el raciocinio
Para cumplir nuestros deseos
Particularmente yo
recojo imágenes de elefantes para disimulo de
mi inocencia
¿Cuántos días D pueden aparecer en nuestras
vidas?

Cansancio acumulado
Sorpresas
Esperas
Tinieblas y luces tiernas
pueblan nuestros sueños
Nos señalamos
el infinito flechando
nuestros corazones con tinta
que sellará lo ya sellado

Nervios
Acumulaciones
Acontecimientos delimitados
Se acerca el día
y aún quedarán más
Despacio
volveremos a mecernos en el mar

Vuelta a nuestra rutina

Noche de nervios
Noche de noches
Sueños de luz
o sueño sin sueños
Soñar despertar
Estar despierto y soñar
Soñar con los sueños soñados
Noche de nervios

Y llegó el día D
para que haya otro día D
Presagios que se convierten en disparos
sobre la tranquilidad
Otra herida en el mismo lugar
Otra espera
Otra demora
...
Supongo que como antes
Los días irán pasando

No sé si todo el mundo camina
o en su deriva
observa lento
los amaneceres con la esperanza de empezar
de nuevo

Un grito desgarrador me acompaña desde
noviembre
algo que inusualmente no oigo
y sé que está
Si me demoro en bajar su volumen
la bruma hace que yo desaparezca
Que me pierda en los laberintos de las
sensaciones
que la brújula esconda sus agujas
que mis oídos sientan el vértigo del precipicio
antes de acercarme a él
y si lo bajo el rumor de ti a mi lado me
reconforta

Un trineo acompaña mis paseos
Es pesado
y sus surcos son el origen
de las terribles avenidas de las ciudades
No hay nieve
el grado y medio de temperatura
me asola
Quiero acompañarte despacio
sin trineo

Un dos tres
¡Ya!
Y vuelta a la espera

El sol arremete
nos cuesta guiar las palabras
Sonreímos
nos secamos cerca de los suburbios
nos apetece helado de sabores
nos devoramos

Singular la abstracción
cada vez es menos extraña

Danzamos
pero sometemos a juicio
el deambular de nuestros ojos

Un profundo silencio
(es mi cerebro)

El clima es inevitable
En mi mirada
las tormentas se suceden
El dolor de cabeza es insoportable
Mis ojos escupen
espuma de mar
El olor de la humedad me ahoga

Canto
Han pasado once días
La semana que viene serán más
No sabemos sí volverá
o se habrá marchado
Aún así la incerteza
sigue en mitad del camino
Recurrimos al espacio
para designar nombres aleatorios
a las montañas

Ayer hicimos un pequeño acercamiento
Vimos el azul
los azules
No los supimos diferenciar
La sonrisa dominó la tarde

Varios momentos
Todos
El mar
Nuestra pequeña hazaña

Vuelven los nervios
La noticia esperada
¿Y después?

Entrar y oír «limpia»
palabra grabada en los pabellones auditivos
a fuego
palabra de amor
de suspiro
de alivio
de olvido
de recuerdo
de unión
de pasión
Palabra de palabras
Nunca pensé que un simple gesto provocara
un terremoto de tales características
Palabra que deseábamos oír

Palabra que implica un después
que implica muchas incógnitas
pero ninguna
por ahora
fatales

.

.

.

Todo sigue
Incluso las visitas al extremo

Girona 2022-2023

Este libro se terminó de imprimir
el 19 de febrero de 2025,
ciento veintinueve años después
del nacimiento del escritor
André Breton.

Títulos publicados

PREGUNTA
ediciones

Relatos

Las pérdidas rojas. Chusa Garcés
Cuentos detrás de la puerta. Begoña Abad
Amor, blanco roto. Chusa Garcés
Letras de tinta. Lourdes Aso Torralba
Baños de Panticosa. Premios Literarios. Varios autores
Sobreexposición. Laura Bordonaba Plou
Desde el otro lado. Prosas concisas. Fernando Aínsa
Buscando los orígenes de aquello. Irene Achón, María Jesús Artigas, Alberto Delmalo, Ana García, Coral González, Anabel Hernández, Aitana Muñoz, María José Pardo, Eva Pardos, Elisa Pérez, Manuel Pinos, Pilar Royo
Brioleta. Encuentro de escritoras aragonesas. Lourdes Aso Torralba, María Pilar Benítez Marco, Elena Gusano Galindo, Chusa Garcés, Blanca Langa Hernández, Angélica Morales, Marta Navarro, Almudena Vidorreta
Los soñadores. Roberto Malo
Bilbilitanos en la historia. Ricardo Ramos Rodríguez
El dolor del cristal. Sergio Royo
Polar. Laura Bordonaba Plou
La prueba final y otras historias cortas. Ganadores del Certamen de Cuentos y Relatos Breves Junto al Fogaril
Viviendo en tiempo brutal. Sergio Royo
Contemplación. Franz Kafka
Zaragoza turbia. José María Tamparillas
Sabor metálico. Eva Pardos Viartola
Cuentos esféricos. Chema González
Canciones tristes que te alegran el día. Miguel Mena
Todo es agua. Begoña Fidalgo
Mar de lejos. Manuel Pinos
Y de repente esta lluvia. Sergio Royo
De bares y mujeres. Marta Armingol, Olga Asensio, Laura Bordonaba Plou, Clara Castán Ibarz, Begoña Fidalgo, Paula Figols, Chusa Garcés, Magdalena Lasala, Elvira Lozano, Rosa Martínez, Angélica Morales, Eva Pardos Viartola, Clara S. Mendívil, Laura Serrano
Diáspora. Isabel Gutiérrez Cía
Relatos de La Flama. María Jesús Artigas, Emilia Bayod, Marta Gascón, Clara Járboles, Merche Llop Alfonso, Abraham José Mendoza Diloy, Eva Pardos Viartola, Alfredo Pérez, Elisa Pérez Ibarra, Manuel Pinos, María José Sanjuán, Wenceslao Varona López, Gloria Verdoy
Un martes cualquiera. Laura Latorre Molins
Con voz y voto. Pioneras americanas del relato social y la ciencia ficción y tres piezas del teatro sufragista británico. Edición de Isabel Alquézar y Berta Lázaro
Todos los crímenes del mundo. Sergio Royo
Un punto de destello. Pecker

Novela

El último concierto de David Salas. Roberto Malo
Crónica de un deseo. Antonio Ventura
Verde mar del norte. Clara Castán Ibarz
La brújula del universo. Mario de los Santos
El eco entre la bruma. Ricardo Ramos Rodríguez
Las sombras del Imperio. Ricardo Ramos Rodríguez
La movida que te salvó. Mariano Pinós
Merecer la vida. Laura Serrano
Cariñena. Antón Castro
Los días blancos. Marta Armingol

Declive. Fernando Rivarés
Canciones ligeras. Miguel Mena
Hannibaal. Miguel Carcasona
Inventario de monos. Galgo Cabanas (Mario de los Santos y Óscar Sipán)
De viento y sal. Clara S. Mendívil
Jimena. Magdalena Lasala
Catorce. Paula Figols
El silencio y su canción. Ángel Gracia
Marta. Víctor Juan
La nota muerta. Rosa Martínez
Para cenar, aire. Pedro Bosqued
Las batallas perdidas. Jaime Tomás
La fugitiva. Clara Járboles
Alcohol de quemar. Miguel Mena
La casa de los dioses de alabastro. Magdalena Lasala
Tristán. La ética del monstruo. Javier Romero Collazos
Puente de Hierro. Miguel Mena
Máscara. Ricardo Ramos Rodríguez
Leopardos en el diván. Gonzalo Fontana Elboj
Lucífugo. José María Tamparillas
Bendita calamidad. Miguel Mena
La estirpe de la mariposa. Magdalena Lasala
El colapso de la colmena. Julia Jiménez Carrera
Los Hijos de Hura. Abdelrahim Kamal
Dinero caído del cielo. Reyes Salvador
No podría estar más contenta. Marisol Aznar y María Frisa
Leitmotiv. Sergio Sarsa
Profanación. Ramón Acín
Onda Media. Miguel Mena
Proyecto Sada. Javier Gastón
La vista atrás. Laura Serrano
Pájaros azules en Roma. Miguel Ángel Nievas
Alerta Bécquer. Miguel Mena
Taquicardia. Teresa Álvarez
Moncayo estrés. Miguel Mena
Eva, la bibliotecaria. Ignacio Sanz
Las lechuzas no son lo que parecen. Noemi Risco Mateo
Los ojos tras la montaña. Pablo Fantova Ullod

Poesía

Litiasis. Manuel M. Forega
Todas las religiones son una / No hay religión natural. William Blake
Estoy poeta (o diferentes maneras de estar sobre la Tierra). Begoña Abad
AntiaéreA. Encuentro poético en Zaragoza. Carmen Camacho, Alicia García Núñez, Marta Navarro, Chus Pato, Inés Povar, Miriam Reyes, Sandra Santana, Hermanas del Hambre (Elisa Berna y Charo de la Varga)
Todo estalla dicho. Elvira Lozano
La experiencia de la poesía. Ángel Guinda
AntiaéreA II. Poesía encontrada en Zaragoza. Ajo, Eva Antón Bravo, Zhivka Baltadzhieva, Isabel Bono, Javier Corcobado, Cristina Járboles, Laia López Manrique, David Mayor, Carmen Ruiz Fleta
Diez años de sol y edad. Antología 2006-2016. Begoña Abad
Alud. Javier Fajarnés Durán
Los países de piedra. Pablo Javier Pérez López
Existe algún lugar en donde nadie. Juan Pablo Roa
Te mataré mientras vivas (Coronación supersónica). Raúl Herrero
La ciudad y el cuchillo. Javier Fajarnés Durán
Vidrieras. Laurent Tailhade
El tiempo de las alambradas. Antología poética. Antonio Orihuela

Esta vida verde. Antología poética. Lyn Coffin
Las palabras son nocivas. Antología poética. Amador Palacios
Las locuras ya no son locuras. Antología poética. Ferruccio Brugnaro
El techo de los árboles. Begoña Abad
Satirologio. Epigramas del siglo XXI. José Verón Gormaz
Caballo de mina. Gerardo Vacana
Big Bang. José Luis Esteban
Los signos en el agua. Noventa y nueve poemas. Joaquín Sánchez Vallés
Avanza el olvido. Javier Ramón Jarne
Fábrica de la seda. Miguel Ángel Curiel
Casa junto al arrecife. Enrique Ariño Gil
Trivium. Marcos Castillo Monsegur
El lenguaje de las ballenas. Begoña Abad
El libro de horas. Rainer Maria Rilke
Gran Guiñol. Miguel Ángel Ortiz Albero
Cantares y presagios. José Verón Gormaz
Marcha por el desierto. Sandra Santana
Una guitarra de contrabando. Gerardo Vacana
Diccionario de garzas y de mirlos. Pablo Javier Pérez López
Piedra y tijeras. Nacho Tajahuerce
#MedeaHaVuelto. Angélica Morales
Madres. Begoña Abad
Todas las moradas de mi aliento. Jacques Meylan
Razón de espera. Rafael Lobarte Fontecha
Poesía. Guido Cavalcanti
Tránsito. María Pilar Martínez Barca
Viejo. Sergio Gómez
Barro. Miguel Ángel Curiel
Historia del mundo antiguo. Joaquín Sánchez Vallés
Este día, este momento. Juan Pablo Roa
El miedo del doble a la soledad. Rosa Martínez
Un vuelo sin la mecánica adecuada. Pecker
Brioleta volumen 2. Poesía aragonesa en femenino. Carmen Aliaga, María Pilar Benítez Marco, Mar Blanco, Marta Domínguez Alonso, María Dubón, Ana Giménez Betrán, Reyes Guillén, Blanca Langa Hernández, Angélica Morales, Trinidad Ruiz Marcellán, Helena Santolaya y Carlota Urgel
Entre el huerto y el corral y otros versos. Gerardo Vacana
Cantar cuarenta. Cancionero completo 1983-2023. Gabriel Sopeña
Sálvida. Sofía Díaz Gotor
La fuerza de la tierra. Paula Martínez
Ahab. Antología poética. Carlos Ramos
Enseres del invierno. Miguel Carcasona
A la izquierda del padre. Begoña Abad
La muerte se llama Juan. Joaquín Sánchez Vallés
Y ¡PUM! Un tiro al pajarito. Sandra Santana
La vida de María. Rainer Maria Rilke
Lamia, Isabella, La víspera de Santa Inés y otros poemas. John Keats
Un fuerte abrazo. Homenaje al poeta David González. Patxi Irurzun y Nacho Tajahuerce (coords.)
Los puntos cardinales. Rafael Lobarte Fontecha
Llaves para una revolución. Begoña Abad
Unheimlich. pierre d. la

Libro ilustrado

El dibujante de relatos. Antón Castro y Juan Tudela
La península de Cilemaga. Helena Santolaya
Marcianos. Sergio Algora y Óscar Sanmartín
La odisea de Fortunato. Pere Inglés y David Girón
Las aventuras de Juan Lázaro. Rafael Yuste Oliete y Pedro Ricardo Polo Cutando

No ficción

Reconstrucción. Miguel Ángel Ortiz Albero
Sahara Occidental. Cuarenta años construyendo resistencia. Varios autores
Residencia y tránsito de las letras en Aragón. Fernando Aínsa
Diario de campo de un psicólogo en un club de fútbol. Luis Cantarero
Marcelino. Muerte y vida de un payaso. Víctor Casanova Abós
Aragón en el sistema solar. Carlos Garcés Manau
Los poetas malditos. Paul Verlaine
Poetas y poéticas. Ensayos. Amador Palacios
Del espejismo de la revolución a la venganza de la victoria. Guerra y posguerra en Barbastro y el Somontano (1936-1945). José María Azpíroz Pascual
Nerín. Memorias compartidas. Varios autores. Edición de Rafael Latre
Sahara Occidental. Del abandono colonial a la construcción de un estado. Varios autores
El hombre elefante. Frederick Treves
Pasaron por aquí. Antón Castro
Nacer para aprender, volar para vivir. Un acercamiento a la poesía de Begoña Abad. José María García Linares
¡Cállate, papá! Padres y violencias en el fútbol industrial. Luis Cantarero
Metodologías activas en el aula. Varios autores
Gamificación educativa. Varios autores
El viaje exterior. Ensayos censores IV. Manuel Martínez-Forega
Teruel. Otra dimensión. Juan Villalba Sebastián
Opiniones de mujeres. María Domínguez
La guerra de los robots. Cómo la tecnología está cambiando los conflictos armados. Francisco Rubio Damián
La escritura por venir. Ensayos sobre arte y literatura en los siglos XX y XXI. Sandra Santana
La vida al alcance de la mano. La discapacidad a través de mi historia. Álex Sánchez
El viaje exterior. Ensayos censores V. Manuel Martínez-Forega
El camino de la serpiente. Escritos ocultistas. Fernando Pessoa
La jota, aragonesa y cosmopolita. De San Petersburgo a Nueva York. Marta Vela
El bazar infinito. Rutas y mares entre Oriente y Occidente. Alberto Cebrián
Ríos que mueren sin mar. Viaje por las culturas de Asia central. Enrique Ariño Gil
Humanizar el fútbol. Deporte y transformación social. Julio Salinas y Luis Cantarero (coords.)
Tú eres antes que todo. Correspondencia de Ramón Acín y Conchita Monrás. Víctor Juan
Adolescentes del siglo XXI. Técnicas de liderazgo parental. Marisa Felipe
Aurora y la celiaquía. Laura Marín
Zaragoza. Historias de ida y vuelta. Miguel Mena
Aragón. Formas de ser. Miguel Mena
Viaje al mar. Diario de un nabatero. Kike Fernández
Un violinista en el Titanic. Tribulaciones de un heterodoxo. Ángel Garcés Sanagustín
Diario del último año. Florbela Espanca
Juan de Velasco, primer maestre de campo de la Ciudadela de Jaca. Marcos Mayorga
Creatividad de andar por clase. Asunción Porta
Albarracín. Un viaje en el tiempo. Juan Villalba Sebastián
Diálogos en cautividad. Antón Castro
Deambulatorio. Miguel Ángel Ortiz Albero
Mauricio Aznar y Almagato. La historia. Jaime González
Máquinas que cuentan historias. La inteligencia artificial y la literatura del futuro. Varios autores
Cincuenta estaciones europeas. Catedrales de la modernidad. Alfonso Marco
La jota, aragonesa y liberal. Zaragoza, Madrid y París. Marta Vela
Sexo, amor y revolución. Hildegart Rodríguez
En torno a Paris, Texas *de Wim Wenders*. Varios autores
Futbología. La cultura del fútbol industrial. Luis Cantarero
Eugenesia y natalidad. Hildegart Rodríguez
Verissimum mendacium. Manuel Martínez-Forega
José Antonio Labordeta, diputado del pueblo. Conrad Blásquiz Herrero

Infantil

La Dama, el Duende y el Rey. Tres leyendas aragonesas. Roberto Malo, José María Tamparillas, Daniel Tejero y David Guirao
Moflete, el elegante. Agustín Porras y Arturo García Blanco
La ardilla poeta y el futuro del planeta. Pilimar Aguilar y Xcar Malavida
Moflete ya sabe contar. Agustín Porras y Arturo García Blanco
Agentes del futuro. María Frisa y Xcar Malavida
Minicó dice no. Nerea Mur
El príncipe que cruzó allende los mares. Roberto Malo, Francisco Javier Mateos y David Guirao
De tu abrazo a las estrellas. Victoria Alcalde y Ruth Alarcón
Mocoloco y Flemalarga. Nines Barcelona y Nerea Mur
San Jorge y el dragón. Daniel Nesquens y David Guirao
Antes de las nueve. Pablo Ferrer, Paula Figols, Marina Santos, Christian Peribáñez y Zaira Andrés
Erny, el monstruo de la Laguna Negra. María Álvarez e Irene Campos
Lex, el Tiranosaurio Rex. Roberto Malo, Daniel Tejero y Blanca Bk
La ardilla poeta y su libro de recetas. Pilimar Aguilar y Xcar Malavida
Un viernes soleado. Pepe Serrano y Raquel Samitier
Mika, el niño fantasma. Daniel Tejero y Bernal
La ardilla poeta y su pandilla secreta. Pilimar Aguilar y Xcar Malavida